À Deus seja à Glória!!!

Gratidão à minha esposa Ge que me auxiliou na revisão desse livro e a minha filha Alline, por todo apoio e incentivo nesse projeto. Amo vocês.

À meus familiares, pastores e amigos...

ÍNDICE

1. INTRODUÇÃO

"Entretando, o dia do Senhor virá como ladrão, no qual os céus desaparecerão ao som de um terrvel estrondo, e os elementos se desintegrarão pela ação do calor. A terra e toda obra nela exixtente serão expostas ao fogo" (II Pe. 3:10).

Uma pergunta intrigante tem levado pessoas de todas as partes refletirem: Quando será o fim de todas as coisas? Estaramos vivendo a geração do arrebatamento? É possvel afirmar que a Igreja de Cristo irá passar pela tribulação?

Podemos afirmar que o mundo passa por transformaçes e a contagem regressiva teve incio em Gênesis. A histria da humanidade nos relata que de tempos em tempos alguns eventos reconfiguravam o mundo deixando rastros que são pistas de algo que está por vir.

No começo da humanidade é perceptvel a fome de poder de Ninrode o primeiro poderoso da Terra, e sua idéia de construir a Torre de Babel, que por sua vez levou os homens a expandir os limites da terra até então conhecida. Outros impérios se levantaram com força e dominaram os povos, podemos citar Egito, Babilnia, Pérsia, Assria, Roma e alguns mais recentes sob a tutela de Adolph Hitler e Mussoline que dizimaram muitas vidas.

Essa constante metamorfose levava décadas ou séculos para se firmar, diferente dos dias atuais, que percebemos essas mudanças ocorrendo de forma muito rápida. Jesus pouco antes de partir, deixou nos um alerta sobre os eventos que viriam e abri riam espaço para uma nova era.

Os sinais de sua volta são visveis. Essas trans formaçes contribuem para a chegada do anticristo e sua aparição é certa e esperada por muitos, mesmo aqueles que pouco sabem ou pensam que nada fazem, de certa forma, auxiliam para a implantação de seu reino.

Informaçes da Terra Santa, a retomada da reconstrução do Templo, as perseguiçes, guerras, avanço tecnolgico, doenças, mudanças climáticas, são alguns desses sinais. E esses, aliados a uma população cada vez mais amantes de si mesma e individualista.

Seria pretensão afirmar que vivemos os ltimos dias? Na verdade, s quero refletir, à luz das es crituras, e auxiliar a elucidar possveis cenários de dor e sofrimento, aliado a diversos fatores que permeiam a mente humana em relação ao temido apocalipse.

Esse livro é fruto de pesquisas, estudos e textos compilados com o intuito de levar o leitor, sem nenhuma pretensão, um material consolidado que possa contribuir para uma conclusão pessoal.

Russel Norman Chaplin nos afirma que "O amor de Deus escreverá o ltimo captulo da histria humana". Sendo assim, gostaria de fundamentar essa pesquisa em vários aspectos, lembrando que o dia e a hora que o Mestre virá é algo impossvel de prever, deixando assim, uma lacuna onde podemos transitar sem que macule ou instigue uma interpretação antibblica.

2. CORRENTES ESCATOLÓGICAS

"Tendo Jesus se assentado no monte das Olivei
ras, os discpulos chegaram até Ele em particular
e lhe pediram: Dizenos quando ocorrerão estas coi
sas? E qual será o sinal da tua vinda e do final
dos tempos?" (Mt. 24:3).

Em primeiro lugar precisamos entender qual o
significado da palavra Escatologia. É de origem
grega, originalmente se subdivide em *eskatos* (l
timo) e *logia* (estudo), sendo assim, estudo dos
ltimos dias.

Dentro do estudo escatolgico, notase que há
algumas divergências entre os estudiosos quanto
aos eventos que a Igreja de Jesus poderá ou não
passar, para melhorar nossa aprendizagem vamos es
tudálos separadamente.

2.1. Conceitos Milenistas

"Ele prendeu o Dragão, a antiga Serpente, que é o Diabo, Satanás e o amarrou por mil anos" (Ap. 20:02).

Segundo estudiosos, esse perodo será marcado pelo aprisionamento de Satanás e paz sobre toda a terra. Esse registro especfico faz parte do conceito milenista, que subdivide em quatro pontos: PréMilenismo Histrico, PréMilenismo Dispensacional, PsMilenismo e Amilenismo.

2.1.1. Pré-Milenismo Histórico

Esse conceito é conhecido como PréMilenismo clássico ou Dispensacional. Sua interpretação esca tolgica estava presente nos três primeiros séculos e contava com o apoio dos padres Papias, Irineu, Justino Mártir e Tertuliano. Eles defendiam a volta de Cristo e seu reinado sobre a Terra.

Essa corrente acredita que a atual igreja é o Israel espiritual, mas que Deus irá restaurar a nação israelita para que se cumpra as promessas no milênio (Rm. 11).

Para os defensores dessa corrente, o arrebata mento e a volta de Cristo é visto como evento nico. Eles creem que, aps a segunda vinda de Jesus, Satanás será preso, havendo a primeira ressurrei ção e o Reino Messiânico (Ap. 20).

Eles argumentam que o Governo do Ungido foi anun ciado no Antigo Testamento (Sl. 2), sendo assim, há base literária apocalptica como prova do Milênio.

Entre os estudiosos dessa interpretação escato lgica, encontrase George Ladd, J. Barton Payne, Alexander Reese e Millard Erickson.

2.1.2. Pré-Milenismo Dispensacional

Essa é uma corrente complexa, pois toda teologia dispensacionalista é centralizada na escatologia, sendo depositária uma hermenêutica literal que é parte do Antigo Testamento para o Novo Testamento por defender a inerrância das Escrituras, hoje o dispensacionalismo é a linha teolgica defendida pela grande maioria dos evangélicos das Américas.

Os adeptos desse conceito sustentam a existência de um arrebatamento, em que sete anos depois, perodo da grande tribulação, virá o milênio. Para essa linha de pensamento, há uma distinção hist rica e bblica entre Israel e a Igreja. No milênio Jesus reinará na Terra (Ap. 19:20).

Encontram bases bblicas no Antigo Testamento para o milênio, usando uma hermenêutica ora lite ral, ora alegrica, ora tipolgica, ora simblica.

Alguns estudiosos dessa corrente são Scofield, Lewis Sperry Chafer, John Walvoord, Charles Fein berg, Eric Saver, Charles Ryrie.

2.1.3. Pós-Milenismo

Os estudiosos dessa corrente acreditam que através da evangelização em massa, campanhas missionárias e evangelsticas, o Reino de Deus está sendo estabelecido em toda Terra, mas esse reinado não será poltico, porém seu governo alcançará os coraçes dos homens.

Eles creem que todo homem se converterá a Jesus, antes de sua volta, inclusive os judeus. Logo, o milênio s fará sentido quando os homens, em sua totalidade, entregarem suas vidas a Jesus, havendo automaticamente paz e justiça sobre a terra.

Aps todos crerem (espécie de universalismo), virá o Milênio, *parousia*, que é a segunda vinda de Cristo. Não será literalmente mil anos, mas um perodo de paz.

Entre os defensores dessa corrente encontramos Agostinho, Loraine Boettner, Charles Hodge, A. H. Strong, B. B. Warfield, Daniel Whitby, James Snowden.

2.1.4. Amilenismo

Segundo os adeptos dessa corrente, não haverá um milênio de paz e justiça. Por outro lado será perceptvel a expansão do bem e do mal entre a pri meira e segunda vinda de Jesus.

Para eles, o reino milenar já se faz presente através da Palavra. Quando Jesus voltar, toda maldade e injustiça cessará, então virá a ressur reição de toda alma e o julgamento final. Todos esses eventos seguirão em sequência rápida. Esse conceito é simblico, não literal.

Dentre os defensores desse conceito estão Oswald Allis, Louis Berkholf, G. Berkower, William Hen dricksen, Abraham Kuyper.

2.2. Conceitos Tribulacionistas

"Aproveitando bem cada oportunidade, porque os dias são maus". (Ef. 5:16).

Não há concenso entre os estudiosos da escatolo gia sobre a Grande Tribulação e a Volta de Jesus, essa discussão não é nova, ela é defendida pelos dispensacionalistas.

Para aqueles que são avessos a essa discussão, estamos vivendo esse perodo, ou seja, acreditam que vivemos no "inferno" literalmente, onde perse guiçes, fome, doenças, opressão, violência e guer ras assolam a humanidade.

Porém, para os estudiosos desse conceito, haverá um perodo onde a tribulação será mais enérgica. A grande questão é saber se a igreja passará ou não por ela. É bom salientar que, os amilenistas não se preocupam com essa discussão, visto que terá a *parousia*, mas sem milênio e tribulação. Sendo assim, a ênfase na discussão está centrada entre os milenistas.

2.2.1. Pré-Tribulacionista

Essa linha escatolgica defende que Cristo virá buscar seus santos, a Igreja, através do arrebata mento, depois Ele virá reinar no milênio. Os pré tribulacionistas acreditam que a Igreja será ti rada antes da Grande Tribulação, pois será um tempo muito difcil, de dor e sofrimento.

O propsito da Grande Tribulação é encerrar a era cronolgica dos gentios, no qual parte será arrebatada (salvos) e parte sofrerá na tribulação, mas também tem como preparação dos judeus para a restauração no milênio, governada por Cristo.

Lembrando que os dispensacionalistas fazem dife rença entre judeus e gentios, visto que Deus fez uma aliança com Israel e que ainda se cumprirá nessa era escatocronica. Portanto, seria incoe rente o cristão passar a grande tribulação, pois o foco dela não é testar ou purificar a Igreja, mas concluir o plano de Deus para a humanidade (I Ts. 1:10 e Ap. 3: 10).

Os estudiosos dessa corrente, usam como argu mento o fato do Livro de Apocalipse mencionar as cartas às igrejas nos primeiros captulos. Supemse que o arrebatamento se dará nesse tempo.

A volta de Jesus para buscar a Igreja (literal

mente) se dará em duas etapas, a primeira será o arrebatamento e a segunda para reinar (governo) no milênio juntamente com a Igreja, perodo esse que o diabo e seus demnios estarão presos.

Alguns defensores dessa corrente são J. Dwight Pentecost, John Feiberg, Charles Ryrie, Henry C. Thiessen, Leon Wood, Hal Lindsay, John Sproul.

2.2.2. Meso-Tribulacionista

Para o MesoTribulacionista, a Igreja irá presen
ciar parte da grande tribulação, porém quando a
tribulação chegar a seu auge, ela será removida
da terra, havendo ausência de cristãos salvos no
planeta. Essa corrente crê que a tribulação durará
sete anos. Três anos e meio para firmar acordos e
pacificar a terra, então ocorrerá o arrebatamento
da Igreja, e três anos e meio finais, onde a ira de
Deus será derramada por toda a terra.

Com base em Mateus 24 e Marcos 13, eles afirmam
que, parte dessa tribulação será abreviada devido
a permanência dos santos. Já em Romanos 5:9, eles
creem na literalidade, do qual seremos salvos da
ira vindoura.

Alguns defensores desse conceito são Norman Har
rison, J. Oliver Busweel, Meyrill Tenney.

2.2.3. Pós-Tribulacionista

Os adeptos dessa vertente escatolgica afirma que, os crentes salvos (vivos) serão "arrebatados" no final da grande tribulação, por ocorrência à segunda vinda de Jesus. Há pstribulacionistas que não mencionam a palavra arrebatamento ou transla dação, apesar de crerem que Cristo voltará aps a tribulação.

Os adeptos diferem "tribulação" e "ira de Deus", pois a tribulação será experimentada por todos, já a ira de Deus visará os mpios, no qual os filhos de Deus serão poupados, usam como base o texto que diz que o Senhor promete nos guardar na hora da provação.

3. HISTÓRIA

"Estabelecerei inimizade entre ti e a mulher, entre a tua descendência e o descendente dela; porquanto, este te ferirá a cabeça, e tu lhe pica rás o calcanhar" (Gn. 3:15).

A leitura dos primeiros relatos da criação pode parecer um projeto fracassado. Deus tinha um sonho e viu na queda do homem ele sendo deturpado. Seria isso um insight que não deu certo? O Deus soberano perdeu o controle?

Os primeiros captulos de Gênesis (Incio) nos revelam muito sobre a histria da criação desde os primrdios. Nosso olhar pode ser de desconfiança, mas Deus que vê passado, presente e futuro ao mesmo tempo, já tinha conhecimento de todas as coisas, in clusive do Redentor.

A queda fez o homem afastarse de Deus e bus car sua independência, mas, ele (homem) tornouse "refém" do diabo. A desobediência levouo a pecar e consequentemente a ser expulso do Jardim do Éden, e toda sorte de imoralidade, corrupção e idolatria foram fazendo parte da histria da humanidade.

O intuito desse estudo é nosso amadurecimento na fé em Jesus Cristo e alertar sobre os aconteci mentos que permeiam a histria da humanidade, sem esquecermos que há esperança para os que creem.

O plano de salvação e resgate do homem começou a ser desenhado na eternidade e foi tomando forma. Deus chamou Abraão (Gn. 12:1) e lhe fez promessas, esse homem atende o chamado divino, deixando sua cidade natal, conhecida como Ur dos Caldeus (Babil nia) e parte para Canaã, mas a fome que assola a região, os faz migrar até o Egito (Morte) e ali toda sua descendência sofre com a escravidão até o dia que Deus levanta um lder para os reconduzir a Terra Prometida.

Moisés cresce no ambiente e na cultura Egpcia, mas, aos poucos percebe que aquele não é um ambi ente seguro para ele e seu povo, ele escuta a voz de Deus, tornandose profeta, legislador e liberta dor daquele povo, reforçando a promessa do Messias (Dt. 18:15).

Em diversas oportunidades o povo se rebelou contra Deus, se aliando a povos de outras naci onalidades, individualmente ou coletivamente eles se prostituram e adoraram deuses estranhos, os sacerdotes da época, dia aps dia, sacrificavam ani mais para minimizar os pecados, mas nenhum deles era suficiente para pagar o preço da redenção (Hb. 9:22).

Mas Deus leva esse princpio a sério, tanto que no Éden vestiu Adão e Eva com pele de animal (Gn.

3:21), deixando claro o sacrifcio de animais, que ao longo da histria se evidenciou na providência de substitutos em lugar de homens pecadores (Lv. 16. 20-22).

Apesar da desobediência constante do povo, Deus não abriu mão deles, alertandoos a respeito de atos de rebeldia, pois suas festas e sacrifcios religio sos cheiravam mal (Is. 1).

Deus levantou profetas, entre eles, Isaas foi o que mais pronunciou a respeito do Messias (Is. 53), mas os judeus continuavam endurecendo seus coraçes, não conseguiam perceber, pois esperavam um governo poltico e militar.

Aps todas as tentativas de aliança, Deus enviou seu filho. Cristo entra em cena como Cordeiro de Deus, para num nico ato, selar um novo pacto que outrora era repetitivo (Hb. 9:1328). Jesus repre senta uma nova aliança, Ele veio resgatar o homem e religar a Deus. O projeto divino tinha como meta, alcançar o coração de todos os povos, raças, lnguas e naçes (Ez. 37:24-26).

Como podemos ver, Deus nunca desistiu do homem. É fascinante estudar sobre o fim dos dias, se por um lado traz temor e tremor, não podemos deixar de crer, pois em Jesus temos a viva esperança.

A humanidade a seu modo, se preocupa com os

ltimos dias (escatocronia), diversas religies men
cionam e divergem sobre o assunto, mas ns estudare
mos o que as Escrituras nos revela sobre isso.

4. AS SETENTA SEMANAS

"Setenta semanas estão determinadas sobre o teu povo, e sobre a tua santa cidade, para cessar a transgressão, e para dar fim aos pecados, e para expiar a iniquidade, e trazer a justiça eterna, e selar a visão e a profecia, e para ungir o Santssi mo" (Dn. 9:24).

Como já foi mencionado anteriormente, há uma separação entre a histria do povo judeu e a his tria da Igreja, sendo assim, ao fazer a leitura do livro de Daniel em que ele fala das setenta semanas, entendese que se trata exclusivamente do povo hebreu.

Ele era adolescente quando foi levado para a Babilnia como cativo (606 a.C.), junto com outros exilados de Judá. O perodo que viveu no Palácio, foi governado por Nabucodonosor, filho do Rei Nabopolassar.

A influência de Daniel abrangeu vários reinos chegando ao Império Persa (536 a.C.), sob a dinas tia de Ciro. (A Antiga Pérsia é ocupada em parte pelo Irã, nome oficial desde 1935).

Daniel teve o privilégio de ouvir e interpretar o sonho do Rei Nabucodonosor, algo que o deixou in trigado, e desde então tem sido objeto de estudos, pesquisas, discusses e polêmicas, levando temor às pessoas em virtude dos acontecimentos que viriam a partir de então, e que em parte já se cumpriram.

Daniel estava orando e jejuando (Dn. 9), intercedendo em favor do povo, quando o anjo Gabriel vem a seu encontro trazendo respostas dos céus e explica lhe a visão. Sendo assim, podemos entender que as setenta semanas são divididas em três perodos.

As Sete Semanas

Esse perodo de sete semanas ou quarenta e nove anos teve incio com a promulgação e reconstrução de Jerusalém até o Ungido. Artaxerxes Longimano (445 a.C) expediu o decreto autorizando Neemias a retornar a sua cidade natal, ele foi comissionado pelo rei para reconstruir os muros de Jerusalém.

Sessenta e Duas Semanas

Esse perodo de sessenta e duas semanas ou quatro centos e trinta e quatro anos. Aps a reconstrução, vários reinos foram observados mantendo o povo hebreu sob tutela de diversos impérios, a conquista de povos, guerras e desolaçes foram presenciadas.

Nesse tempo Jesus nasceu, exerceu seu chamado, foi levado ao Calvário e ressuscitou. Segundo estudiosos, é datado entre 396 a.C. até a morte do Messias.

Entre o perodo das sessenta e nove semanas e a ltima, há um intervalo de tempo conhecido como dispensação da Igreja de Cristo. Essa "brecha" na contagem na histria de Israel não é mencionada pelos profetas, porém amplamente divulgada por Jesus e seus discpulos (Ef. 5:32).

Serão ao todo, quatrocentos e noventa anos ou setenta semanas. A interpretação literal desse pe rodo revela que boa parte já foi vivida ou seja quatrocentos e oitenta e três anos ou sessenta e nove semanas.

A Igreja de Jesus está inserida nessa lacuna do tempo, os sinais da vinda de Cristo é perceptvel, e em breve a igreja será arrebatada.

A Última Semana

Esse será o perodo da Grande Tribulação, serão sete anos onde um lder fará aliança com os povos da terra especialmente com Israel, mas romperá no meio da semana e aterrorizará toda a Terra.

Com isso, o governo do anticristo irá inaugurar a ltima semana, um perodo de trevas dominará os povos.

Vale salientar que, segundo os estudiosos, essa semana s terá incio quando Israel estiver comple tamente em suas terras, fato que começou em 1948. (Para que a Nação de Israel pudesse ser sancionada na ONU, era preciso de um voto de desempate, dado pelo brasileiro Osvaldo Aranha.

5. O SONHO DE UM REI

No captulo anterior foi relatado o sonho do Rei Nabucodonosor. Aps aproximadamente um ano aps a chegada de Daniel a Babilnia.

Entendese que Nabucodonossor foi o primeiro mo narca a dominar o mundo Antigo.

O sonho era perturbador (Dn. 2:2935), uma estátua enorme com particularidades que, ao ser interpretado por Daniel, trazia uma visão completa da histria da humanidade.

5.1. Império Babilônico

O Império Babilnico, também conhecido como a Era
de Ouro, foi o primeiro governo mundial, sua dura
ção foi de 626539 a.C.

Os babilnicos era uma civilização semita, que
usufruiu da estrutura poltica deixada pelos ass
rios, porém agiu com menor crueldade, eles eram
mais intelectuais que os assrios.

Eles tinham profundo interesse pelo estudo de
corpos celestes. Também pesquisavam as ciências e
a matemática, tendo desenvolvido um sistema numé
rico baseado no nmero seis, diferente de nosso
sistema decimal, baseado no nmero dez. O rei Na
bucodonosor é famoso por ter esmagado Jerusalém e
imposto um exlio severo a todos os lderes de Judá.

5.2. Império Medo-Persa

Esse Império também conhecido como a Era de Prata. Teve incio com Ciro e durou entre 536333 a.C., e foi marcado pela coligação do Império Medo Persa.

Destacase o retorno do remanescente judeu quando a Palestina caiu sob o poder de Alexandre, o grande.

Podemos observar que os judeus que viviam nos dias do profeta Malaquias se encontravam sob o reinado persa e permaneceram nessa situação por sessenta anos da era intertestamentária.

Eles são lembrados por governar todo o império, dando um tratamento mais humanizado aos povos co lonizados. Exemplo disso é o decreto de Ciro, que permitiu aos exilados judeus voltarem à sua terra aps o fim do cativeiro babilnico. Também são conhe cidos pelo desenvolvimento da astrologia.

5.3. Império Grego

O Império Grego, também conhecido como a Era de Bronze. A ascensão da Grécia foi um dos acontecimen tos mais surpreendentes da civilização da época.

Um pas localizado numa pennsula rochosa, desér tica, no mar Egeu, seu territrio geográfico serviu para isolar os gregos da maior parte do mundo no pe rodo mais remoto de sua histria.

Sob o comando de Alexandre, os gregos dominaram o mundo por doze anos, seu exército era altamente treinado e utilizava o princpio da guerrarelâm pago, isto é, surpresa, rapidez e força total nos ataques.

Os historiadores relatam um episdio, onde Ale xandre se deparou com Jadua o sumosacerdote que, encabeçou uma procissão pela clemência, quando ele viu nisto o cumprimento de um sonho, fez acordos com Jerusalém, ofereceu sacrifcios a Jeová, e ouviu a leitura das profecias de Daniel.

A cidadeestado foi a maior contribuição grega para os povos, as mais importantes eram Atenas, notável pela intelectualidade de seu povo, e Esparta, conhecida pelo seu rigor militar. O isola mento imposto pela geografia árida nutriu um desen volvimento cultural impressionante.

Podemos pontuar outras contribuiçes gregas, a filosfica, o sentido da vida e a literatura. Na poltica, a influência foi amplificada por Filipe da Macednia (359-336 a.C.) e seu filho Alexandre Magno (336-323 a.C.) que conquistaram o mundo co nhecido e resolveram helenizar (tornarse conforme o caráter grego) por completo a região dominada.

Aps a morte de Alexandre, seu reino foi subdivi dido em quatro sob o domnio de Ptolomeu, Lismaco, Cassandro e Seleno. Os quatros notáveis, que subs tituram o grande chifre (Dn. 8:21,22).

5.4. O Pequeno Chifre

O livro de Daniel nos captulos 7 e 8, mencionam o perodo que o reino foi subdividido e com ele a figura de um Pequeno Chifre ganha destaque.

No versculo 9 menciona que esse pequeno chifre foi crescendo, podemos dizer que está falando de Antoco Epifânio, o opressor de Israel no Antigo Testamento, o qual procedeu da Sria. Ele é chamado de "o anticristo do Antigo Testamento", pela perseguição imposta ao povo judeu (Séc. II a.C.), durante o perodo interbblico.

Com base em Daniel 8.914, podemos entender que Antoco tem papel fundamental nesse episdio levando dor e sofrimento aos judeus. Seu reinado (175–167 a.C.) foi marcado pelo extermnio do povo judeu e sua religião, chegando a proibir o culto ao Senhor, ocorrendo torturas e forçandoos a negar a fé.

A fria de Antoco o levou a guerrear contra a Terra Gloriosa, sendo essa uma referência a Israel. Os estudiosos acreditam que o exército dos céus e as estrelas são referências aos sacerdotes e levitas, Epifânio descarregou seu dio sobre Jeru salém, em 170 a.C., sendo ela saqueada, os muros derrubados, o templo profanado e a população tor turada, o Santo dos Santos pilhado e suas moblias roubadas.

Com isso, a religião judaica foi banida, proibiu se a circuncisão sob pena de morte. Foi imposto um governador estrangeiro para administrar a terra.

O Sumo Sacerdote foi destitudo, considerandoo traidor e forçando o povo ao paganismo. Todas as cpias da lei foram destrudas e seus guardies execu tados (168 a.C.).

Antoco ordenou que um porco fosse oferecido sobre o altar de sacrifcio e, no prprio altar, man dou erguer uma estátua a Jpiter Olmpio.

Os Macabeus

Aps as duas mil e trezentas tardes e manhãs (Dn. 9:14), começou uma nova era para o povo judeu. O movimento Macabeu (16563 a.C) como ficou conhe cido, tratase da revolta contra Antoco Epifânio.

O sacerdote Matatias iniciou o movimento e foi desenvolvido por seu filho Judas. A revolta se deu quando a missão liderada por oficiais de Epifânio tentou substituir o judasmo pela religião estatal.

Matatias recusou cumprir as ordens, e matou o oficial, junto com os judeus desleais destruram o altar idlatra. Então ele e seus cinco filhos, juntamente com judeus fiéis foram para as montanhas, onde Filipe e Frgio os perseguiram e mataram a muitos, tudo porque os judeus se negaram a se defender nos dias de sábado.

Aps esse episdio, Matatias e seus companheiros constituram um exército, atacando as cidades, matando traidores, derrubando os altares idlatras e restaurando a verdadeira religião.

Com a morte de Matatias, Judas se tornou general do exército, desenvolvendo uma poderosa estratégia de guerrilha. Depois de intensos confrontos e com a derrota do inimigo, Judas foi para a ofensiva e Jerusalém foi recuperada, o templo remobiliado e os sacrifcios ortodoxos foram restitudos (Jo. 10:22).

Os "fariseus" surgiram nessa época como guardies da religião.

Aps um perodo pacificador, Lsias, surge com seu exército sirio e houve grandes conflitos, por fim ocorreu uma aliança entre as naçes para derrubar seus inimigos em comum. Então, Judas se aliou ao Império Romano.

5.5. Império Romano

O Império Romano, também conhecido como a Era de
Ferro (Dn. 2.33-40). Se por um lado, as pernas da
estátua indicam a longa extensão e duração do dom
nio romano, por outro as duas pernas correspondem
à divisão do Império Romano, entre Ocidente e Ori
ente (395 d.C.).

O Império Romano (Séc. VII a.C. V d.C.) teve
em sua cultura a representação mais influente da
histria. Segundo historiadores, Roma foi fundada
em 753 a.C., junto ao Rio Tigre, sendo que sua
verdadeira histria começou em torno de 500 a.C.,
quando os Etruscos, povo inteligente e pouco conhe
cido, foram expulsos. Politicamente estabeleceu a
Repblica e o Senado, prática que prevaleceu até o
século II.

Nos séculos seguintes Roma consolidou seu poder
sobre numerosos inimigos, dos quais os mais in
fluentes foram os fencios. Na maior parte do
século III, Roma lutou contra eles, e no século II
testemunhou os conflitos mais importantes contra
macednios e srios.

Com o fim da Repblica, teve incio o perodo
ditatorial, liderado por uma série de Césares,
sendo Augusto o mais importante (27 a.C.-14 d.C.).
Jesus Cristo nasceu nesse tempo de relativa tran

quilidade.

Nero (5468 d.C) e Domiciano (81-96 d.C.) tiveram seus reinados tumultuados, com forte perseguição contra os cristãos. O Império foi envelhecendo e com ele a corrupção, dando espaço cada vez mais aos militares. Constantino reinou (306-337 d.C.) e abraçou o cristianismo como religião do estado.

Os romanos deixaram um legado para a humanidade nas áreas da arquitetura, literatura, ciência, me dicina, agricultura e direito.

Tanto nosso governo como nossa lngua também tem uma grande dvida com Roma.

6. PREPARAI O CAMINHO

"Todavia, quando chego a plenitude dos tempos, Deus enviou seu Filho, nascido de mulher, nascido também debaixo da autoridade da Lei" (Gl. 4:4).

"Porque Deus amou o mundo de tal maneira que deu o seu Filho Unigênito, para que todo aquele que nele crê não pereça, mas tenha a vida eterna" (Jo. 3:16).

Começa o perodo de transição, os preparativos para a dispensação da Igreja, o intervalo entre as semanas sessenta e nove e a setenta.

O nascimento de Jesus Cristo, foi uma obra divina, porém precisamos mencionar a participação de três povos que tiveram importância nesse perodo crucial da histria.

6.1. Romanos

Os Romanos tiveram sua contribução nos dias que antecederam o nascimento de Jesus.

Paz

Roma estabeleceu paz em todos os territrios ocupados, foi debaixo desse domnio que cessou as constantes guerras entre os povos e facilitou a mo vimentação de pessoas pelas áreas governada pelos romanos.

Militar

Roma garantiu a segurança das estradas e o con trole dos mares através de suas forças militares (Exército e Marinha), facilitando o trânsito entre os peregrinos e inibindo os piratas.

Administração

Foi na administração pblica que os romanos facilitaram a construção de novas estradas, os

direitos do cidadão e o recrutamento de pessoal
para o serviço pblico e militar.

Conquistas

Todos os povos conquistados por Roma puderam
preservar suas culturas, mas a liberdade religiosa
foi sendo limitada com o passar dos anos.

6.2. Gregos

Os gregos também puderam contribuir nessa época através da lngua e da filosofia.

Idioma

Embora o governo estivesse sob o controle do Império Romano, a lngua dominante era o Grego (koine).

Filosofia

A filosofia envolvia todo preparo intelectual, reflexivo, com o intuito de abrir a mente das pes soas para o pensamento.

6.3. Judeus

A contribuição de Israel foi notria, pois eles preservaram a tradição judaca.

A Cultura Judaica sempre valorizou o Monotesmo, a centralidade num Único Deus.

A Septuaginta, em latim (LXX), é uma tradução da lngua grega da versão hebraica do Antigo Tes tamento, a tradição afirma ter sido compilada no Egito por setenta sábios, cerca de dois séculos antes de Cristo, e em Alexandria, onde havia uma Co munidade Hebraica.

A Diáspora teve incio com a destruição do Templo de Salomão[1] pelo Rei Nabucodonosor (Séc. 6 a.C.), a dispersão levou os judeus a peregrinar (migrar) para diversas partes do mundo, hoje as comunidades judaicas se espalham em mais de 100 pases.

Sem dvida, a Sinagoga é um modelo bem familiar para nossos dias, pois é um templo onde os judeus se renem para cultuar a Deus, nos dando um exemplo clássico de Igreja.

7. JESUS - O VERBO VIROU GENTE

"Portanto dele, por Ele e para Ele são todas as coisas. A Ele seja a glria perpetuamente! Amém" (Rm. 11:36).

A Escritura Sagrada aponta desde o princpio que Jesus, o Filho de Deus, é o centro de todas as coisas. A promessa de um Redentor foi predita por vários profetas desde o incio, o povo hebreu esperava pelo Messias, mas Ele não veio como esperavam, mas à Igreja foi dado a oportunidade de conhecêLo como Senhor e Savador.

O telogo Dr. Russel Norman Champlin[2] menciona: "Qualquer tentativa de expor de modo breve e completo a identificação, o mistério e os ensinos de Jesus, deve ser vista como algo semelhantemente a tentativa de pr o oceano dentro de uma xcara. A grandeza de Jesus, sua subsequente e vastssima influência, e nosso conhecimento relativamente exguo de sua vida, mistérios e ensinos, de pronto nos colocam em um dilema, porquanto qualquer esforço terá de ficar muito aquém do alvo de uma caracterização adequada da sua Pessoa. Todo comentário é apenas uma tentativa um pouco mais extensa de caracterizar a Jesus e sua importância...".

Com a queda do homem no Jardim do Éden, parece que o plano divino tinha sucumbido, e é possvel que alguns questionamentos fossem feitos: Será que Deus ficou frustrado? Será que havia um plano B? O texto de Efésios 1:4 nos trás luz a essa questão. Deus nos escolheu antes da fundação do mundo

Sendo assim, podemos afirmar que Deus já sabia de antemão que o homem iria falhar, assim como também já tinha o Redentor que iria religar o homem ao Criador. Por isso, que desde o princpio Satanás vem tramando para desviar o homem desse encontro com o Salvador.

Segundo estudiosos, Gênesis nos dá uma pista da redenção humana no captulo 3:15, conhecida como "protoevangelho". Em outro comentário Champlin diz: "O que devemos compreender é que Jesus não nas ceu prematuro, isto é, não veio antes, nem depois, mas no tempo determinado por Deus para que todas as profecias se cumpram no tempo certo".

A Bblia relata que, por volta de 5 a.C. na ci dade de Nazaré, uma jovem, virgem, conhecida como Maria, foi surpreendida pelo anjo Gabriel (Lc. 1:26-28), depois ele apareceu a seu noivo José, cinco meses antes do nascimento (Mt. 1:18-25). Jesus nasceu em Belém, prximo a Jerusalém (5 a.C.) e foi batizado no Rio Jordão (27 d.C.) perto de Betânia (Mt. 3:13-17), possivelmente nesse tempo Jesus fez seus primeiros contatos com os discpulos (Jo. 1:35-51).

O primeiro milagre de Jesus ocorreu em Caná da Galileia (Jo. 2:1-11), seu ministério iniciou por volta de 27 d.C. na Região da Judéia (Jo. 2:13-22), e foi marcado por milagres. Para facilitar a comunicação ele usava de parábolas, e por diversas vezes foi rejeitado pelos judeus. Dentre os mila gres podemos destacar a cura do leproso (Mt. 8:2-4), a ressurreição da filha de Jairo e a mulher do fluxo de sangue (Mc. 5:21-43), a libertação do jovem endemoniado (Mc. 9:14-29) e a ressurreição de Lázaro (Jo. 11:1-45).

A missão central de Jesus é salvar o homem, mas durante seu tempo na Terra, ele curou, libertou e perdoou o pecador. Além de discipular e enviar seus amigos para expandir o reino.

Ele nunca escondeu de seus discpulos que era necessário sua morte e ressurreição. Assim como Ele os instruiu a respeito do fim dos dias.

O Princípio das Dores

Jesus mantinha um relacionamento sadio e intenci onal com os seus discpulos, Ele estava mentoriando cada um deles, conhecia suas fraquezas, sabia de seus temores e limitaçes. O Mestre não perdia a oportunidade para instrulos em amor, em cada momento distinto Ele recapitulava princpios impor tantes e dava a eles a oportunidade de crescer e amadurecer.

Em uma dessas conversas, Jesus reuniu todos os seus discpulos para alertalos a respeito de um tempo de adversidade que viria sobre toda a Terra. Ele começa a instigálos e de repente diz: Cuidado para que ningem vos seduza (Mt. 24:04). Primeiro virá rumores de guerras, fome, terremoto, doença, etc... Mas isso será o Princpio das Dores (Mt. 24:1-14), importante ressaltar o aumento da maldade e o amor de muitos esfriando, mas quem per severar até o fim será salvo.

A Profecia de Daniel

Aps esse princpio de dores, Jesus faz menção a profecia de Daniel, Ele diz que o cerco de destrui ção, pavor e perseguição irá aumentar, e se, não fossem abreviados, ninguém sobreviveria. De novo o Mestre alerta contra falsos mestres que farão milagres para enganar a muitos. E Ele nos aconselha a ficar atento aos sinais "Portanto, ficai igual mente vs alertas; pois o Filho do homem virá no momento em que menos esperais" (Mt. 24:5-44).

A Segunda Vinda

Há quem tente "adivinhar" o seu retorno, quanto a isso, não podemos ser ignorantes, "Entretanto, a respeito daquele dia e hora ninguém sabe, nem os anjos dos céus, nem o Filho, senão exclusivamente o Pai" (Mt. 24:36).

É perceptvel que não há menção quanto ao dia e muito menos a hora de sua volta, mas Ele nos dá alguns exemplos práticos que ocorreram no passado e nos aconselha a perseverar (Mt. 24:4525:46).

Alguns profetas no Antigo Testamento prenun ciaram o nascimento, a morte e ressurreição do Messias.

"Os reis da terra preparam seus ardis e, unidos, os governantes conspiram contra o Senhor e contra o seu Cristo, proclamando: Façamos em pedaços os seus laços, sacudamos para longe de ns seus vncu los" (Sl. 2:23).

"Pelo contrário, foi desprezado e rejeitado pelos homens, viveu como homem de dores, experi mentou todo o sofrimento. Caminhou como alguém de quem os seus semelhantes escondem o rosto, foi me nosprezado, e ns não demos à sua pessoa importância alguma. E no entanto, suas dores eram as nossas prprias enfermidades que ele carregava em seu ser. Sobre seu corpo levou todas as nossas doenças; contudo ns o julgamos culpado e castigado por Deus. Pela mão de Deus ferido e torturado. Mas, de fato, ele foi transpassado por causa das nossas prprias culpas e transgresses, foi esmagado por conta das nossas iniquidades; o castigo que nos propiciou a paz caiu todo sobre ele, e mediante suas feridas fomos curados" (Is. 53:35).

Jesus encontrou resistência dos religiosos de sua época, pois questionavaos e confrontavaos, por vezes os chamou de raça de vboras, mas o auge ocorreu quando Ele disse ser Filho de Deus, o que eles viram como afronta e blasfêmia.

Jesus foi trado[3] por um discpulo desleal, que trocou a amizade por algumas moedas de prata (Mt. 26:1416), foi abandonado pelos discpulos e preso pelos religiosos da época, sendo julgado por auto ridades de não judeus. O povo, liderados por Anás, Caifás e todo o Sinédrio, pedia sua crucificação.

Na época, ser crucificado, era semelhante a pena de morte, a mais letal e aplicada punição àquele que tivesse cometido um delito gravssimo, sendo assim, era visto como maldito pelo povo.

Ele foi injustamente levado ao Calvário, morreu a nossa morte para que pudessemos ter comunhão com o Pai. Paulo traduz esse episdio ao descre ver que "fomos sepultados com Ele no batismo, e com Ele ressuscitados pela fé, pois estavamos mortos em nossos pecados, mas Deus nos vivificou em Jesus Cristo, perdoando todas as transgresses, cancelando nossa dvida, pregandoas na cruz" (Cl. 2:1215).

Quando, parecia que tudo estava perdido, que a esperança acabou, no terceiro dia, Jesus ressusci tou, e ns que cremos nEle, morremos e ressuscitamos para uma nova vida.

Depois disso, Ele apareceu a diversas pessoas, e por mais que quisessem forjar uma suposta trama, as autoridades da época nunca conseguiram impedir que o nome de Jesus fosse proclamado e propagado por toda terra, Ele foi ao céu e deixounos o Consolador, o Esprito Santo, incumbiunos uma mis são (Mc. 16:15 16), e em breve voltará.

8. A IGREJA CRESCEU EM MEIO AO CAOS

O Império Romano declinou a partir dos séculos IV e V, Constantino governou a partir de 323 d.C. com energia e sabedoria. Em seu reinado transferiu a capital para Constantinopla (Istambul).

Uma nova divisão (392395 d.C) ocorreu sob a tu tela de Teodsio sendo ele o ltimo Imperador Romano. Logo aps, houve a divisão entre Oriente (Constanti nopla) e Ocidente (Roma).

Essas disputas polticas foi levando o Império a perder flego, e os ataques externos eram cons tantes. No ano de 373, notouse em Abrianpolis uma das mais decisivas batalhas do mundo, em que os visigodos que habitavam o Baixo Danbio derrotaram os Romanos sob o comando de Valêncio e mataram o Imperador.

Logo aps esse evento sangrento, os visigodos, sob a tutela de Alarico, procederam ao saque de Roma (410 d.C.). Seguiramse várias outras con quistas de tribos germânicas, que arrebataram boa parte do Império.

Os visigodos estabeleceram um Reino na Espanha, outro no Sudeste da França e outro no Oeste da Alemanha. A região Sudeste Francesa foi dominada pelos Borgndios, na ala Norte ficaram os Francos, os Anglos e os Saxes apossaram da Inglaterra e na Região Oeste a Itália permaneceu sob a autoridade Imperial Romana.

Vários lderes do Exército Germânico governaram a região, levantando e derrubando imperadores. Somente em 476, o General Germânico Odoacro des tronou Rmulo Augusto, o ltimo Imperador Romano, e ocupou o governo.

9. O PALCO ESTÁ MONTADO

Pouco a pouco a população foi se adaptando a governos e ao mercado global. Essa realidade nos conecta numa imensa rede sem fio que se multiplica, criando um cenário de grandes expectativas.

E nessa transformação acelerada vamos descar tando e recriando novos meios de comunicação, afinal, nunca antes a ciência tomou multiformas. Bauman[4] nos mostra um novo caminho, uma Sociedade Lquida, mas ouso dizer que estamos numa Sociedade Gasosa, pois tudo evapora entre os dedos e somos in capazes de lidar com o novo que está por vir.

O momento atual mostra suas facetas na poltica, religião, economia, onde pequenos e grandes se fun dem, onde atentados e pequenos conflitos de terra tomam proporçes enormes, basta ver o fatdico 11 de Setembro de 2001 e perceber que todas as coisas estão convergindo para uma Nova Era, sonhada e pro fetizada pelos Esotéricos e denominada como a Era de Aquários[5], mas não podemos fechar nossos olhos para a Pandemia do Covid19, que tem reconfigurado nossas estruturas fsicas e emocionais, ou seja, estamos prestes à Nova Ordem Mundial ou Governo do Anticristo.

Será o fim da humanidade? O que o futuro nos

reserva?

9.1. A Nova Ordem Mundial

"Essa invasão não se manterá, pois ameaça a Nova Ordem Mundial". Esse foi o comentário do Presi dente George Bush, em 17/08/1991, quando o Kuwait foi invadido pelo Iraque.

Podemos afirmar que o presidente americano estava preocupado com o minsculo pas do Oriente frente ao ataque brutal de Sadam Hussein. Isso seria uma ação louvável se não tivessemos um olhar mais apurado daquilo que está por trás de sua fala.

Mas a mesma frase já havia sido dita por seu pai quando estava à frente da Presidência dos Estados Unidos. E, para àqueles que acreditam ser somente uma coincidência, na verdade já vinha sendo utili zada com data anterior a Queda do Muro de Berlim.

Tendo esse entendimento, lderes mundiais fazem uso de uma linguagem, aparentemente sem importân cia para a população em geral, mas que mostram o quanto eles caminham juntos.

'Nova Ordem Mundial' é uma versão menos agres siva que a frente ocultista usa para declarar que o Reino do Cristo da Nova Era está sendo implantado.

Por volta de 1989 Guy Verhofstadt, então Presi dente da União Européia, afirmou: "Quando o muro de

Berlim caiu, o comunismo acabou e todo mundo soube disso. O antigo sistema mundial caiu e estabeleceu se uma Nova Ordem Mundial". Depois ele ratificou junto ao Parlamento Europeu "A velha Ordem Mundial que tomou forma durante a Guerra Fria, em que tinha que separar o Oriente do Ocidente, entrou em co lapso em 1989".

Em tempos anteriores, seria impossvel lderes de diferentes nacionalidades, se convergirem em um discurso que enaltecesse uma reconfiguração do mundo para algo sob a tutela de Governo Mundial. Mas uma declaração do exPresidente Gorbatchev s mostrou como os opostos estavam dispostos a abrir mão de suas antigas convicçes "Aproveitando esse sentimento, queremos radicalizar para processar a reforma. Estamos apenas no incio do processo de mol dar uma Nova Ordem Mundial".

Veja a sutileza nessas declaraçes e como ela se encaixa na profecia de Apocalipse 17:17 "Porque Deus tem posto em seus coraçes, que cumpram o seu intento, e tenham uma mesma ideia, e que deem à besta o seu reino, até que se cumpram as palavras de Deus". João mostra o caminho que os governantes iriam trilhar nos fim dos dias, atuando em perfeita harmonia.

Imediatamente aps a queda do muro de Berlim em 1989, os lderes dos pases que antes eram inimi gos começaram a cooperar como nunca tinham feito antes. Essa cooperação atingiu um novo patamar quando o Presidente russo Vladimir Putin anunciou sua colaboração na campanha mundial do Presidente Bush contra o terrorismo e atualmente ao interfe rir indiretamente nas eleiçes americanas apoiando o Presidente Donald Trump.

No Brasil, a fatdica reunião ministerial, conduzida pelo Presidente Jair Bolsonaro, no dia 22/04/2020, os olhares dos brasileiros estavam vol tados para as acusaçes do então Ministro da Justiça e Segurança Pblica Sérgio Moro, contudo, a fala da Ministra da Agricultura Tereza Cristina chamou a atenção "enquanto o mundo está preocupado com a Pandemia, nosso ministério, com a ajuda do Minis tro Guedes (Economia) estamos avançando na questão do agronegcio, pois estamos vivendo uma Nova Ordem Mundial".

Para aqueles que ainda se dizem céticos, a mdia aponta para o cumprimento da profecia.

Outra evidência de que estamos vivendo a Nova Ordem Mundial, o verso da nota de um dlar, há o smbolo da pirâmide incompleta, acima aparece o olho de *horus*, que era o Lcifer egpcio. Acima do olho está às palavras "*Annuit Coeptis*" em latim e significa "Anunciando o Nascimento". Abaixo da pirâmide há uma fita com a frase também em latim "*Novus Ordo Seclorum*" que significa "Nova Ordem Mundial".

O palco está montado e a liderança mundial colabora efetivamente para abrir o caminho para o surgimento do Anticristo.

O mundo busca incessantemente pela paz, e na mesma proporção surgem guerras e rumores de guerra. A Mdia é bombardeada por pessoas indo às ruas clamando por paz. Estamos fartos de tanta violência, discriminação, bullying, fome, doenças e a economia mundial em frangalhos. O que acontece do outro lado do mundo repercute em todos os conti nentes. Nada está oculto.

Os pilares das naçes estão se ruindo em meio ao caos econmico e social. Em meio à essa situação estamos pavimentando, mesmo que indiretamente, o caminho para o Anticristo, e antes que pensem que ele virá de modo ditatorial, podem acreditar que a democracia o elegerá e os reinos e naçes lhes darão o poder para governar.

Mas, para esse mundo ideal ter espaço, é preciso fazer uma aliança com os judeus. Um territrio em ebulição por décadas encontrará uma sada providen cial. Porém, Israel, para firmar o acordo, precisa de garantias para reconstruir o Templo, eles já possuem todo o material, mas o local continua sendo abrigo de uma Mesquita.

Assim que os judeus se sentirem seguros, acredi tará que o Anticristo é o Messias que eles tanto aguardam. E, para frustração de muitos, quando

ouvirem que há paz e segurança no mundo, então virá
a repentina destruição.

54

9.2. O Que Há Por Trás Da Nova Ordem Mundial?

Como já mencionei anteriormente, o relgio cronol gico para o fim foi inaugurado em Gênesis. Embora, o tema "Apocalipse" pareça ser atual, ele vem sendo abordado por muitos pelo decorrer dos séculos.

Os lderes mundiais trabalham arduamente para pavimentar o caminho da Nova Era e encaixar cada peça nesse grande quebra cabeça.

"Querendo ou não, preparados ou não, estamos todos envolvidos... a competição é acerca de quem estabelecerá o primeiro sistema mundial de governo que jamais existiu na sociedade de naçes. É acerca de quem sustentará e empunhará o duplo poder de autoridade e controle sobre cada um de ns como indi vduos e sobre todos como comunidade. Nosso estilo de vida como indivduos e como cidadãos das naçes; nossas famlias e nossos trabalhos; nosso mercado, comércio e dinheiro, e ainda nossos emblemas de identidade nacional, os quais a maioria de ns temos sempre tomado por lgica, ninguém poderá livrarse de seus efeitos; nenhum setor de nossas vidas per manecerá sem ser tocado". Malachi Martin

"A reunião dos lderes de 15 naçes do Conselho de Segurança marca pela primeira vez, desde que se fun dou a organização mundial em 1945, que o conselho,

o corpo mais poderoso das naçes unidas, se reuniu
em seu nvel mais elevado" The Birmin, Yham News,
31/01/1992.

"João Paulo II, insiste que o homem não tem
esperanças de criar um sistema geopoltico capaz,
a menos que seja baseado na cristandade catlica
romana".

Como podemos ler nesses comentários, as lideran
ças mundiais, sejam elas polticas ou religiosas,
já trabalhavam para a implantação de um governo
mundial que possa habilitar o homem a viver em
sociedade, usufruindo da paz e harmonia, acabando
com as desigualdades sociais e levando os povos
a submeteremse a uma liderança de um nico homem,
capaz de leválos a um novo tempo. Mas para que isso
possa ser real, não podemos esquecer de unir todas
as religies sob a tutela de um "profeta" capaz de
direcionar seus sditos e fazêlos prostrarse diante
do "Messias" da Nova Era.

Mensagem Subliminar

Jesus alerta seus discpulos em Mateus 24 sobre
o perigo que alguns poderão estar correndo, pelo
fato que a Tribulação será um tempo de grandes
transformaçes, mudança de valores e do caos que irá
permear a histria da humanidade, sendo que se os
dias não fossem abreviados, muitos se perderiam.

Mas, não podemos subestimar nosso inimigo, eles usam de estratégias poderosas para moldar a socie dade e quebrar tradiçes. Seu objetivo é sucumbir o modelo cristão e implementar um estilo anti bblico. Não ignore o que estamos vivendo nos ltimos anos, a quebra de paradigmas que regem a sociedade tem sido minado para estabelecer novos conceitos.

Os adeptos da Nova Era, usam mensagem sublimi nar com o intuito de preparar as geraçes futuras. Eles usufruem de jogos, desenhos, séries, novelas, msica, falas desconexas, entre outros.

Precisamos entender que subliminar, segundo a psicologia, é todo estmulo produzido abaixo do limiar da consciência. A mensagem subliminar pode ser visual ou auditiva, porém há um forte investi mento nos outros orgãos dos sentidos.

Utilizase de imagens, palavras chave ou ideias que não sejam tão perceptveis, mas que podem gerar, de maneira stil, o controle da mente humana. Nosso olho é capaz de captar imagens, que fazem mais de 100 mil fixaçes conscientes por dia, sendo que numa fração de segundo esta imagem é invertida pelo nervo ptico e enviada ao cérebro para ser processada.

É possvel que uma pessoa adulta perceba algum tipo de desvio, mas o objetivo é alcançar nossas crianças e teens, oor isso se faz muito investi mento em jogos e séries voltados para essa faixa etária. Em 1997 cerca de 13.000 crianças japonesas passaram mal, sendo que 685 precisaram de atendi mento médico depois de assistirem a um episdio de Pikachu.

Filmes, msicas e livros são utilizados para di fundir sua ideologia, são frases fora de contexto que nosso subconsciente absorve e depois estamos repetindo sem ao menos saber seu significado. Ca etano Velloso cantarolava "... alguma coisa está fora da ordem, da nova ordem mundial...". Já a msica de Ozzy Osbourne incentiva o suicdio: "Por que não tentar? Pegue uma arma e atire! Atire!".

10. O ARMAGEDOM ESTÁ PRÓXIMO

Os olhares do mundo sempre estiveram sobre a região da Palestina. O conflito entre Israel e Pa lestina é antigo, pois envolve o territrio, crença e auto afirmação. Ismael deixou a casa de seu pai Abraão e foi viver em terras longnquas, seus descendentes se multiplicaram e povoaram a terra. Não foi diferente com Isaque, ele tinha a benção de seu pai Abraão, a promessa divina e um legado para compartilhar.

Ambos os povos cresceram com a rivalidade de lutar até o fim pelo seu espaço fsico e preservar sua cultura e religião. Sem dvida é uma terra santa e os lderes do mundo entendem que precisam se es forçar para garantir a paz na região.

Israel tem o apoio dos EUA e União Européia, mas tem inimigos declarados como Rssia, Coréia do Norte, China e boa parte do Oriente Médio.

A região concentra um capital petrolfero, que por vezes levanta conflitos e a intervenção ame ricana. De tempo em tempos somos 'surpreendidos' por guerras contra Iraque, Afeganistão e Sria, sem contar os conflitos diretos com Irã e Coréia do Norte acusados de enriquecer o Urânio para produ zir armas nucleares.

Apesar do fim da Guerra Fria, americanos e russos, costumam se provocar. Seus posicionamen tos sempre são opostos. "Pas comunista afirma que derrota os americanos em um confronto nu clear" (18/02/2003).

O terrorismo tem ocupado a agenda mundial, os principais alvos são Europa e Estados Unidos. Sempre surgem novos grupos radicais dispostos a despertar o dio e a guerra contra o Ocidente. Uma ala extremista do Islamismo tem recrutado simpati zantes em todo mundo para se aliar a seu exército de terroristas. Não pense que estamos distante desse caos, a Trplice Fronteira (Argentina, Brasil e Paraguai), tem sido alvo de investigação contnua dos americanos, por suspeita de abrigar terroris tas internacionais.

No Brasil, o Islã tem aumentado seu poder de convencimento, há alguns anos, o bairro de Guaiana ses, periferia de São Paulo, se tornou um centro de recrutamento, o foco é converter jovens pobres e leválos ao enfrentamento contra os inimigos de Alá.

"Porquanto, nação se levantará contra nação, e reino contra reino. Contudo, esses acontecimentos serão apenas como as primeiras dores de um parto. Da mesma forma vs: quando virdes todos esses acon tecimentos, sabei que Ele está muito prximo, às portas" (Mt. 27:78,33).

Precisamos estar atentos aos acontecimentos, creio que somos a geração que viverá o arrebata mento, o mundo jaz no maligno, os sinais do Anti cristo estão em toda parte.

A Igreja precisa perseverar em oração e palavra. Porém, alguns vivem como nos dias de Noé, se envolvendo com as coisas desse mundo, apáticos e insensveis, alguns vivem surfando nas narrativas polticas, ignorando a volta de Jesus.

A violência das grandes cidades, fome em toda parte, drogas proliferando e a sade pblica em co lapso, somados a uma busca frenética, pelo mstico, individualismo, ciência e afins... Entretanto, isso nos levará ao caos.

"Porque nos dias que antecederam ao Dilvio, o povo levava a vida comendo e bebendo, casandose e oferecendose em matrimnio, até o dia em que Ne entrou na arca, e as pessoas nem notaram, até que chegou o Dilvio e levou a todos. Assim ocorrerá na vinda do Filho do homem" (Mt. 24: 38, 39).

11. O ARREBATAMENTO

O Esprito e a Noiva dizem: Vem! (Ap. 22:17). O Mestre virá buscar a sua Igreja. O arrebatamento será, sem dvida, o maior evento da histria mundial. Segundo a profecia de Daniel, podemos entender que ocorrerá antes da ltima semana e se trata de algo especfico com a Igreja de Cristo.

Jesus alertou seus discpulos acerca das coisas que aconteceriam, logo aps sua morte e ressurrei ção, o Mestre viria buscálos (Jo. 16-22), por tanto somos bemaventurados, conforme nos ensina em Apocalipse:

A. Bemaventurados os que lêem, ouvem e obedecem as orientaçes deste livro (1:3);

B. Bemaventurados os que morrem no Senhor (14:13);

C. Bemaventurados os que se mantém alerta (16:15);

D. Bemaventurados aqueles que são chamados ao banquete das npcias do Cordeiro (19:09);

E. Bemaventurados e santo os que tomam parte da primeira ressurreição! (20:06);

F. Bemaventurados aqueles que atendem às pala vras da profecia deste livro (22:07);

G. Bemaventurados aqueles que lavam as suas rou
pas no sangue do Cordeiro (22:14).

As sete igrejas asiáticas, receberam uma carta
especfica, porém, podemos aplicálas no contexto
atual. Podemos estar correndo atrás de uma reli
gião, mas vivendo longe do Criador. Somos humanos,
mas não mundanos. Temos a nossa humanidade, que nos
difere do animal, temos racionalidade, mas também
a sensibilidade para ouvir, ajudar, servir uns aos
outros. Mas o mundano vive uma vida de imoralidade,
descrença, mentiras e enganos.

E a melhor maneira de sabermos se estamos produ
zindo fruto é basear nossas açes pela Palavra para
não sermos surpreendidos com o Mestre dizendo: Não
vos conheço.

Quanto ao arrebatamento da Igreja, ele será
invisvel para o mundo, os crentes mortos serão os
primeiros a ressuscitar e os vivos serão transfor
mados, e todos se encontrarão com o Senhor (Jo.
14:3, I Ts. 4:1617).

Temos uma missão "fazer discpulos". Por onde
andarmos, precisamos levar as boas novas do reino e
discipular os novos convertidos, ensinálos a viver
mediante a Palavra. Pois, aps o arrebatamento,
muitos questionamentos surgirão em meio ao desa
parecimento de muitas pessoas, muitas teorias e
absurdos serão mencionados, mas infelizmente àque
les que ficarem serão objetos de respostas.

Possivelmente, dirão que fomos abduzidos ou que forjamos o prprio desaparecimento, e então será o tempo oportuno para que o Anticristo venha propor um reino de paz.

O dia e a hora ninguém sabe, por isso a perseverança e vigilância conforme disse Jesus: "Olhai para a figueira e para todas as árvores. Quando já começam a brotar, vs sabeis por vs mesmos, vendo as, que perto está o verão. Assim também vs, quando virdes acontecer estas coisas, sabei que o reino dos céus está perto. Em verdade vos digo que não passará esta geração até que tudo aconteça. O céu e a terra desaparecerão, mas as minhas palavras ficarão para sempre" (Mt. 24).

Estamos no limiar de um novo tempo. Mas fiquemos em constante alerta para que ninguém nos engane (Mt. 24:56,33).

Olhares do Mundo

É importante estar alerta ao noticiário e como as profecias estão se cumprindo, principalmente em relação a Israel. "Sendo assim, afirma: Assim diz Yahweh, o Senhor Deus! Eu vos ajuntarei dentre todas as naçes para onde os desterrei e vos trarei de volta dessas terras para a terra de onde foram espalhados, e então, lhes devolverei a terra de Israel". (Ez. 11:17).

Os estudiosos creditam o cumprimento dessa profecia em 14 de maio de 1948, quando em TelAviv foi proclamado o Estado de Israel. Desde 1982, centenas de milhares imigrantes judeus começaram a retornar a Sião, oriundos de pases Árabes, Afri canos e Asiáticos. Desde 1990 mais de 650.000 mil judeus vindos de pases excomunistas e, a partir de 1991, mais 140.000 mil judeus etopes vieram a Is rael, confirmando a profecia de Ezequiel 36.

Porém, apesar de Jesus ter dito que chegaria o dia que eles não adorariam nem no Monte nem no Templo, eles aguardam a reconstrução do local que eles prestarão culto a Deus, e que hoje está loca lizado o Domo da Rocha, uma Mesquita Mulçumana.

Em 1989 a revista Time publicou um artigo intitulado: "Tempo para um novo Templo", em que relatava o desejo crescente de muitos judeus de verem um novo Templo reconstrudo no Monte do Templo em Jerusalém. "Que a Tua vontade seja a rápida re construção do Templo em nossos dias". Esse pedido a Deus, recitado três vezes ao dia nas oraçes judai cas expressam o desejo que faz do Monte do Templo em Jerusalém os 35 hectares potencialmente mais instáveis do mundo. Num artigo mais recente, dizia se que já foram criados 102 itens (objetos) para a adoração no Templo, objetos idênticos aos que eram usados antigamente, como: roupas, vasilhas, cortinas, etc... Também já há em Jerusalém escolas para Sacerdotes. Então observando estas notcias, não há dvidas que os judeus estão ansiosos para que o Templo seja reconstrudo, e estão crentes que isto acontecerá em breve.

Doutor Gershon Salomon, lder dos Fiéis do Monte do Templo, é um dos defensores mais conhecido e declarado da reconstrução, ele afirma: "Eu creio que essa é à vontade de Deus. O Domo da Rocha deve ser retirado. Devemos removêlo. E hoje temos todo o equipamento para fazer isso, pedra por pedra, cuidadosamente, embalado, e enviado de volta para Meca, o lugar de onde veio".

O Dr. Gershon, usa medidas ativistas para tentar motivar seus compatriotas a reconstrurem o Templo. Uma dessas medidas foi à tentativa de colocar uma pedra angular de 4 toneladas e meia no Monte do Templo. Ele demonstra sua determinação quando diz: "No dia certo, creio que em breve, essa pedra será colocada no monte do Templo, trabalhada e polida, e será a primeira pedra para o terceiro Templo".

O que sabemos é que essa pedra está prxima às muralhas da Antiga Cidade de Jerusalém, perto da Porta de Shechem, e dessa pedra consegue ver a vista do Monte do Templo. O Domo da Rocha é cobiçado por judeus e palestinos, motivo de confli tos, uma remoção abrupta pode levar a uma guerra mundial.

Boatos surgem a todo instante, estudiosos che garam a afirmar que o então Lder palestino na época, Yasser Arafat, estava tramando a destruição do Domo s para levar seus compatriotas a se vingar de Israel. O grupo Hamas acredita que a principal razão por que Israel conseguiu derrotar os exérci tos árabes no passado foi a falta de uma verdadeira união entre eles. Se os árabes forem convencidos que os judeus explodiram o Domo da Rocha, ficarão unidos em uma fria total.

O Washington Times, vinculou uma matéria em 26/10/2002, que a Secretária de Estado, Madeleine Albright visitou a Coréia do Norte, celebrando os resultados das negociaçes de Paz entre o sul e o norte. No artigo do jornal, menciona um médico cirurgião chamado Norbert Vollessten, que recente mente trabalhou em hospitais na Coréia do Norte. Ele afirma ter visto no interior daquele pas cente nas de milhares de soldados acampados, e disseram lhe que aquelas tropas estavam "aguardando". Não se mobiliza um milhão e duzentos mil soldados se não existe a possibilidade de uma guerra.

Jesus afirma que não passará essa geração (Mt. 24:34).

Vejamos alguns dados:

1. Terremotos: Durante o Século 19 ocorreram 41 grandes terremotos que mataram pouco mais de 350 mil pessoas, no século 20 já haviam ocorrido 96 terremotos provocando a morte de mais de 2 milhes e 150 mil pessoas. Para entender melhor esses nmeros

vejamos dados especficos do Oriente: De 1900 a 1909 foram 141, de 1970 a 1979 foram 1553 terremotos.

2. Furaces: Em 30/04, um nico furacão causou a morte de 139 mil pessoas em Bangladesh. De 1900 a 1949 foram 126 furaces com um total de 1874 mortes, de 1950 a 1996 foram 77 Furaces com 1.069.797 mortes.

3. Inundaçes: Segundo o Word Almanac, o século 19 foi marcado com três grandes inundaçes, dizi mando 938 mil pessoas, no século 20, até meados de 1996, foram 82 grandes inundaçes, com aproximada mente 4 milhes e 72 mil pessoas.

4. Guerras: Cerca de 40 guerras regionais ocor reram na década de 90 em todo mundo. Em 1948, a revista Boletim dos Cientistas atmicos, criou o relgio do fim do mundo, em Chicago, para alertar os povos sobre a possvel extinção da raça humana por uma guerra nuclear.

5. Fome: Uma pesquisa publicada pelo Instituto Pão do Mundo, cerca de 786 milhes de pessoas, até o ano de 1993, sofriam de fome aguda.

6. Doença: Inmeras doenças que estavam sob con trole, estão de volta, como Meningite, Sarampo e Ebola, outras continuam matando absurdamente como Aids e Câncer, mas um vrus está afligindo a popu lação mundial. Dados da Universidade Johns Hopkins (EUA) alerta para um crescimento de infectados e

mortos pela Covid19. Em Setembro/20 os nmeros são 27.254.716 confirmados, sendo 891.240 mil mortos em todo o mundo.

Esses dados ajudam a entender como o relgio para o fim está acelerado. Estamos vivendo os ltimos dias, àquele que fez a promessa virá. Ora vem Se nhor Jesus!

12. IMPÉRIO ROMANO: O RETORNO

"As pernas eram de ferro, e os pés eram em parte de ferro e em parte de barro" (Dn. 2:33).

A Indstria Cinematográfica busca inovar em seus filmes. Algumas tramas parecem confusas para quem assiste um filme ou outro, mas o cinéfilo, ele as siste toda a 'saga' e percebe quando as sequências tem um intervalo. Um bom exemplo é a franquia Velozes e Furiosos. O terceiro filme é rodado no Japão com personagens novos que s faz sentido depois do sexto filme, ou seja, a sequência lgica, seria 1, 2, 4, 5, 6, 3, 7, 8...

Quando o livro de Daniel faz menção as setenta semanas, lembram que há um intervalo entre as sema nas sessenta e nove e a setenta?

Esse intervalo é um tratamento especfico entre Jesus e a Igreja, Ele foi rejeitado pelos judeus para se revelar aos gentios, é como se a série "Setenta Semanas de Daniel", tivesse um intervalo que, aqueles que não acompanharam todos os epis dios estão sem entender o que o diretor está que rendo tratar com o todo de sua obra.

A princpio não faz muito sentido, uma cena fora de contexto, mas para quem está acompanhando desde o incio, consegue linkar todo enredo e percebe que o diretor está dando um toque especial a sua trama.

O Retorno do Império Romano, menciona os pés: O Barro e o Ferro. Daniel fala de um tempo que já existiu e que retorna sob a liderança do Anticristo para implementar a Nova Ordem Mundial. O Barro serão os três anos e meio de pacificação e unifica ção dos povos e o Ferro serão os três anos e meio finais de destruição e perseguição.

Será o perodo para revitalizar os blocos so cioeconmicos já existentes como Mercosul e União Européia. Estamos vivendo dias que antecedem esse novo Império, os sinais nos levam a acreditar que o arrebatamento pode acontecer a qualquer momento e assim, dará incio a ltima semana prevista pelo profeta Daniel. Avanços tecnolgicos, imoralidade, violência, incertezas sociais e econmicas, corrup ção, doença, fome e apostasia.

O cenário atual é propcio para que os povos da terra clamem por um salvador e a democracia irá ele ger àquele que governará o mundo com mão de ferro.

13. OS DEZ BLOCOS: OS DEDOS DOS PÉS

"Como viste, os pés e os dedos eram em parte de barro e em parte de ferro. Isso quer dizer que esse será um reino dividido, mas mesmo assim terá um pouco da força do ferro, embora tenhas observado ferro misturado ao barro lamacento. Assim como os dedos eram em parte de ferro e em parte de barro, também esse reino será em parte forte e em parte frágil. E, como viste, o ferro estava misturado à lama. Isso significa que se buscarão fazer alian ças polticas por intermédio de casamentos, mas a união decorrente dessas alianças e acordos não se firmará, do mesmo modo que o ferro não consegue se misturar com o barro" (Dn. 2:41-43).

Os dedos significam dez reinos, como expressão final do Império Romano. A globalização é uma realidade, um problema econmico na Ásia consegue atingir as bolsas do mundo inteiro, com isso, originase um efeito domin, que aflige todos os mer cados do mundo.

Atualmente temos consolidado alguns blocos, que apesar das divergências internas, já trabalham de comum acordo para transformar o mundo numa grande famlia, onde não haverá barreiras econmicas, soci ais, lingustica, trabalhista, etc., que possam im pedir do homem circular livremente.

O mais conhecido dos blocos é a União Européia, conhecida como 'Zona do Euro' com sua moeda nica. Também temos o Mercosul que abrange os pases da América Latina e mantém diálogo com o Estados Unidos, Canadá e México (Nafta) para formar a ALCA (Área de Livre Comércio Americano), não podemos deixar de fora a União Africana, entre outros.

O expresidente Lus Inácio Lula da Silva, logo aps sua posse discursou no Frum Social "...Estamos vivendo uma nova ordem mundial...", dias depois em Davos no Frum Econmico Mundial ressaltou: "... o deus é o mercado...".

As naçes atualmente se agrupam conforme seus interesses locais, mas eles se convergirão a dez supernaçes quando o Anticristo vier governar e reorganizar conforme seu desgnio. A seguir alguns exemplos de blocos atuantes.

Mercosul, NAFTA, APEC (ÁsiaPacfico), ASEAN (Su deste Asiático), SADC (África Austral), União Européia, entre outros.

Cada Bloco terá um lder e eles correspondem aos dez chifres do quarto animal (Dn. 7:24 e Ap. 13:1). Esses dez reinos se curvarão e entregarão seu go verno ao Anticristo (Ap. 17:1213).

14. A ÚLTIMA SEMANA

Esse será sem dvida o perodo mais conturbado e sombrio da histria da humanidade, vários impérios se levantaram e caram, alguns deles foram uma som bra diante do que está por vir.

Pense por um instante, o plantão de notcias re latando o desaparecimento de milhares de pessoas. Pessoas conhecidas que sumiram. E aos poucos, novas tragédias, desastres aéreos, acidentes auto mobilsticos entre outros.

Não será Fake News!

O Arrebatamento será real.

E com isso, muitos questionamentos, e então, um novo lder surgirá e com ele respostas para inaugu rar de fato a Nova Ordem Mundial.

Penso que a ONU (Organização das Naçes Unidas) será uma peça fundamental nesse quebra cabeça mun dial. Ela irá direcionar o projeto de unificação dos povos, crenças, lnguas e naçes.

Não consigo visualizar nenhum religioso que tenha poder de convencimento e pacificação que não esteja ligado à Igreja Catlica. E assim, na unidade poltica e religiosa, temos a dobradinha Anticristo e Falso Profeta, prontos para expandir seu reinado.

A ltima semana será dividida em duas partes, a primeira parte, corresponde a três anos e meio, o Anticristo fará um acordo histrico com Israel, reconstrução do Templo, consolidação de paz, eco nomia forte, moeda nica, livre comércio, fim da violência no campo e nas cidades, açes solidá rias, avanços tecnolgicos, religião ecumênica e universal.

Ele será adorado e venerado como um deus, entretanto, por trás desse cenário de sonhos, há uma cortina diablica, que esconde terror e dio. E virá a segunda parte, os ltimos três anos e meio. Para aqueles que não reconheceram a Jesus como nico Senhor e Salvador, sofrerão as consequências da Grande Tribulação. Um tempo de quebra de aliança, perseguição e terror sem fim.

Quem Abrirá o Livro?
Apocalipse 5

A partir do Captulo 5 de Apocalipse, João trás um panorama detalhado sobre os acontecimentos que virão na ltima metade dos três anos e meio da Grande Tribulação.

Ele vê um anjo questionando quem seria digno de romper os selos e abrir o livro. Esse livro contém sete selos, que são os juzos de Deus. Porém, um silêncio pairou naquele lugar, e nada se ouvia

tanto na terra quanto no céu, e João chorava copio
samente, quando surgiu o Cordeiro de Deus.

"Nisso, aconteceu que reparei, no meio do trono
e dos quatro seres viventes e entre os anciãos, em
pé, um Cordeiro que parecia estar morto, e tinha
sete chifres e sete olhos, que são os sete espritos
de Deus enviados a toda a terra" (Ap. 5:6). Esses
sete espritos são os atributos de Deus (Ap. 1:4 e
Is. 11:2).

Nesse instante os quatro seres viventes e os
vinte e quatro anciãos se prostraram e adoravam
ao Senhor. João também viu milhares e milhares de
anjos reverenciando o Todo Poderoso. E por fim, ele
viu criaturas no céu, na terra e debaixo da terra e
do mar exclamando: "Ao que está assentado no trono
e ao Cordeiro sejam o louvor, a honra, a glria e o
domnio pelos séculos dos séculos" (Ap. 5:13).

Abertura dos Selos

Apocalipse 6

A cada selo aberto, uma sequência de episdios
trágicos vem sobre a terra e seus povos. Segue uma
descrição dos sete selos e seus significados:

1 Selo O Cavalo Branco representa o Anticristo,

virá proclamando a paz, mas tem um arco, arma sel
vagem, contrapondo a Jesus que tem uma espada;

2. Selo O Cavalo Vermelho representa a guerra,
possivelmente de âmbito mundial para consolidar a
liderança do Anticristo;

3. Selo O cavalo Preto representa a fome, con
sequência da guerra;

4 Selo O Cavalo Amarelo representa a peste, a
população mundial será reduzida por guerra, fome e
pestes (doenças);

5 Selo Almas debaixo do altar, eles serão
os mártires que se converterão durante a Grande
Tribulação.

6. Selo Sinais no céu e na terra. Um terremoto
em grande escala como nunca foi visto antes irá
romper as estruturas da Terra, o Sol perderá seu
brilho, possivelmente uma densa nuvem negra ou um
eclipse, e a Lua ficará vermelha como o sangue. Os
homens procurarão esconderijos, pois temerão a Ira
Divina.

7. Selo Este selo é somente um portal para uma
série de sete trombetas que trarão a seu tempo
novas catástrofes sem precedentes (Ap. 8).

"Então me foi revelado o nmero dos que foram selados: cento e quarenta e quatro mil, de todas as tribos dos filhos de Israel" (Ap. 7:4).

Antes da abertura do sétimo selo, um anjo impede que danifiquem a terra e o mar até que os remanescentes fossem selados.

Esse grupo de remanescentes são especificamente ligados as doze tribos de Israel. No perodo mais sombrio da histria, Deus irá preservar seu povo escolhido, entretanto eles continuarão no mundo.

"Em seguida, olhei, e diante de mim descortinava se uma grande multidão tão vasta que ninguém podia contar, formada por pessoas de todas as naçes, tribos, povos e lnguas. Estavam em pé, diante do trono do Cordeiro, vestidos com tnicas brancas, em punhando folhas de palmeira" (Ap. 7:9).

Como mencionei anteriormente, acredito que ha verá salvação no perodo da Grande Tribulação. Se atualmente com a presença da Igreja e do Esprito Santo, muitos continuam endurecidos, imagina nesse tempo terrvel, mas em meio aos questionamentos, muitos desviados e simpatizantes do evangelho, que não foram arrebatados, terão a oportunidade de se converterem.

Por isso, que muitos estudiosos acreditam que essa multidão, serão pessoas que passarão pela grande tribulação e serão recebidas pelo Senhor.

Um silêncio absurdo se fez ao abrir o sétimo selo. Sete anjos se posicionaram para tocar suas trombetas e com elas mais destruição.

1. Trombeta - Destruição da Natureza;

2. Trombeta - Um Meteoro irá colidir com a Terra, o mar sofrerá as consequências do impacto, além da morte de animais marinhos, uma possvel Tsuname irá destruir embarcaçes e seus tripulantes;

3. Trombeta - Uma estrela cairá do céu e contaminará as fontes de água. Absinto é uma folha, onde se extrai um leo txico, que tem ação direta no sistema nervoso;

4. Trombeta - Escuridão total. Sol, Lua e Estrelas não emitirão seus brilhos. A escuridão será densa;

5. Trombeta - A estrela que caiu do céu é Satanás e ele tem a chave do inferno para liberar demnios para guerrear contra todos que não tem o Selo de Deus;

6. Trombeta - Judas escreve em seu livro (v.6) que alguns anjos rebeldes foram aprisionados em trevas, aguardando o dia do juzo. Alguns estudiosos comentam que esses quatro demnios são mais maléficos que o prprio Diabo, ao serem libertos, irão impulsionar homens a guerrearem entre si. Há alguns que defendem que o Exército Chinês têm 200 milhes de soldados pronto para guerra;

7. Trombeta - Inicia uma nova série de juzos de Deus (Ap. 10:7).

As Duas Testemunhas

Apocalipse 11

As duas testemunhas terão autoridade sobre a Terra, eles irão realizar milagres e profetizarão, mas o dio levará o Anticristo a matálos, os povos de todas as naçes celebrarão, mas Deus os ressuscitará e os levará para o Céu.

Há uma corrente teolgica que acredita que essas duas testemunhas serão Moisés e Elias, simboli zando a Lei e os Profetas.

Aps esse evento, um grande terremoto irá abalar a cidade. Alguns estudiosos entendem que essa ci dade seja Jerusalém.

Dois personagens centrais nesse texto: A Mulher e o Dragão. Apocalipse 12 faz uma narrativa do que aconteceu nas regies celestiais antes da fundação do mundo. Faz uma rápida alusão de Gênesis 3:15, a guerra que Miguel travou contra o Diabo, sua rebelião e expulsão (vers. 79), sua busca aluci nante para impedir o nascimento do Messias.

Não contente com a derrota, Satanás lança uma ofensiva contra Israel (vers. 15 O rio significa povos). Desde o princpio o povo hebreu vem sofrendo diversas tentativas de extermnio. Vários impérios se levantaram e travavam guerra contra os judeus, porém em todas, Deus interveio a favor de seu povo.

Embora não esteja em ordem cronolgica, o livro de Apocalipse, traz inmeras fontes do que virá nos ltimos dias. E João tem o cuidado de detalhar tudo o que ele viu. No captulo 13 ele nos apresenta a Trplice Aliança do Mal (Diabo, Anticristo e Falso Profeta).

Com a ascensão do Império Romano, precisamos destacar alguns personagens que farão parte do co tidiano mundial.

O captulo começa dizendo de uma besta saindo do mar. O apstolo faz menção de um animal com uma aparência muito severa e horripilante. Mas com al gumas informaçes muito valiosas.

Primeiro, 'mar' significa povos, ou seja, um lder poltico e carismático, que terá apoio das naçes do mundo. Lembrese que a democracia elegerá o Anticristo. O Dragão (Diabo) deulhe poder e autoridade.

Depois, João viu outra besta, sua aparência de cordeiro, mas agia como dragão. Será um leão na pele de cordeiro. Andará alinhada com o An ticristo. Terá poder para realizar milagres e maravilhas e enganará a muitos (II Ts. 2:9). Alguns estudiosos acreditam que o Falso Profeta será um Rabino, outros acreditam que será um Papa, pois teria apoio da Igreja Catlica Romana, pois é a nica religião presente em todo o mundo e tem canal de co municação aberta com outras religies.

O Falso Profeta fez uma estátua do Anticristo para que os povos da Terra adorassem (Vers. 1415).

Todos sabemos que o Anticristo é arquirrival de Jesus, mas em sua aparição pblica, ele agirá como sendo o Messias.

Para facilitar a vida do cidadão comum, ele irá implantar um chip de identificação, sua argumenta ção é que, esse sistema tecnolgico irá substituir documentos, cartes de débito e crédito, dinheiro em espécie, e trará segurança a população.

O nmero é 666 ou nmero de um "superhomem".[6] Esse chip já está em estudos, e ele tem uma bateria de ltio, que segundo o doutor Sanders o uso do *lithium* é extremamente perigoso, seu rompimento pode oca sionar fervura dolorosa (Ap. 16:2). Depois de sua descoberta, ele abandonou o projeto e se converteu ao cristianismo e atua como palestrante advertindo sobre os danos caso seja inserido a marca da besta.

Outro projeto (Flrida) vem ganhando projeçes, apelidado de Anjos Digitais, consiste na implanta ção de um chip para monitorar pessoas. O foco é a segurança pessoal e pagamento através do cartão dé bito e crédito.

Richard Sullivan, presidente da ADS (Anjos Digi tais System) fez esse comentário "O anjo digital, irá melhorar a qualidade de vida para milhes de habitantes de todo o mundo e sua capacidade é vir tualmente ilimitada".

Apesar das inmeras crticas ao projeto e de sua assimilação a marca da besta, o doutor Zhou, prin cipal pesquisador do projeto, não admite objeçes, segundo ele que também é cristão, o chip s irá melhorar a qualidade de vida das pessoas, dando lhes paz e segurança em toda parte. Seu principal apoiador é o Frum Econmico do Mundo (Genebra), lem brando que em 2003 o então presidente brasileiro Lula afirmou: "s existe um deus e este deus é o mercado..."

As Taças da Ira de Deus

Apocalipse 15-16

Um perodo catastrfico terá incio com o toque da Sétima Trombeta, as Taças da Ira de Deus.

1. Taça – Todos que portarem a marca da besta serão castigados com uma doença maligna;

2. Taça – Morte sobre a vida martima;

3. Taça – Contaminação de rios e fontes de água;

4. Taça – Aquecimento global;

5. Taça – O Reino do Anticristo trará dificulda des e será marcado por dor e sofrimento;

6. Taça – O Rio Eufrates irá secar. Um con glomerado militar, liderado pela Trplice Aliança Diablica, se reunirão contra Israel na Batalha de Armagedon.

7. Taça – De uma s vez, numa escala histrica, terremotos, meteoros, tsunamis sobrevirá sobre a terra.

Babilônia – Sistemas Unificados

A Trplice Aliança agirá de maneira contundente para implantar seu plano diablico, mas toda a ges tão estará sob o comando de Satanás. Ele distribui seu projeto em duas frentes: Sistema Religioso Mun dial e Sistema Poltico Mundial.

Sistema Religioso Mundial
Apocalipse 17

Aps a queda e a expulsão do Jardim do Éden, o homem busca a seu modo, preencher o vazio de seu coração. Então o mstico começa a fazer parte do seu imaginário. A Bblia narra a histria de alguns homens que viveram uma vida relacional com Deus, por outro lado, também trás alguns homens que rejeitaram o Criador para viver uma vida devassa e imoral.

Mesmo esses que optaram estar longe de Deus, cri aram o seu deus. A histria secular também relata homens adorando e se prostrando diante de deuses, seja através de figuras, objetos e até a natureza. Talvez, alguns sejam ignorantes, e desconhecem que atrás desses 'deuses' estão legies de demnios.

Sabendo disso, Satanás vem ao longo dos anos, levando lderes religiosos a convergir seus credos, possibilitando uma aproximação em torno de uma agenda nica.

Estamos diante do Ecumenismo, um processo de busca da unidade cristã, sob a liderança do Falso Profeta.

No incio, farão parcerias em busca da paz e da comunhão entre todos os povos, mas seu intento nunca foi adorar o Criador.

O anjo deixa um enigma para João "A besta que viste, era, e já não é. Ela está para subir do Abismo e caminha para a perdição. Os habitantes da terra, cujos nomes não foram escritos no Livro da Vida desde a criação do mundo, ficarão espantados quando virem a besta, porque ela era, agora não é, contudo virá. Agora, é preciso sabedoria para decifrar: As sete cabeças são sete colinas sobre as quais está assentada a mulher. Significam, também, sete reis. Cinco deles já caram, um ainda persiste, mas outro ainda não surgiu; entretanto, quando aparecer, deverá governar durante pouco tempo. A Besta que era, e agora não é, é o oitavo rei. É um dos sete, e caminha para a perdição" (Ap. 17:811).

Existem várias correntes teolgicas que buscam entendimento desse mistério, vamos discorrer em duas: Há uma corrente que diz que será um judeu, sumo sacerdote, que estará alinhado com o Anti cristo, e usará sua influência para reconstruir o Templo, como também há outra corrente que afirma ser um Papa, um sucessor da Igreja Catlica, capaz de congregar todas as religies num s propsito, para isso eles alegam:

1. Está assentada sobre muitas águas: povos, naçes e lnguas (não está entre as naçes, mas domi nandoas);

2. Vestida de prpura escarlate, ouro e pedras preciosas: O Vaticano é possuidor das maiores ri quezas do Ocidente;

3. Sentada sobre Sete Montes: A cidade de Roma foi edificada sobre sete montes: Palatino, Quirinal, Aventino, Celiano, Viminal, Esquilino e Janiculano;

4. Os reis da terra se embriagaram com seu vinho: Influência e domnio sobre os governos da Terra;

5. Mãe das prostitutas e abominaçes da terra:

Deveria ser a noiva de Cristo, mas ao longo do ca
minho, adulterouse, agregando dogmas e sincretismo
religioso.

Imagine uma mesa redonda, e em cada assento um
lder ou representante de uma religião especfica.
Você deve estar pensando que isso é impossvel. Eu
respeito sua opinião, mas nesse mesmo instante,
muitos lderes, inclusive cristãos, mantém diálogo
com liderança de outras religies, alguns frequen
tam suas reunies, mesmo sabendo que são de credo
diferentes. Entretanto, eles alegam que isso é um
passo harmonioso em busca de uma coesão.

Os adeptos da Nova Era trabalham arduamente para
esse fim, e acreditam que o Ecumenismo é um caminho
viável, aliás, não será preciso anular a opção re
ligiosa da outra pessoa, mas agregar valores para
que todas se abracem num gesto de afinidade e equi
lbrio espiritual.

Historicamente, o Ecumenismo, é desenvolvido
pelos diferentes ramos do cristianismo, com o
objetivo de unidade das igrejas que professam a
mesma fé, convergindoas à Igreja Romana. Entre
1856 e 1876 ocorreram movimentos ecumênicos que

permitiram tranquilidade ao desenvolvimento protes
tante, esses *insights* permitiram uma amplitude do
movimento e a filiação de igrejas ligadas ao Conse
lho Mundial de Igrejas.

Desde o Conclio Ecumênico Vaticano II, realizado
em Roma, ambas vertentes do cristianismo, catlicos
e protestantes, vem celebrando reunies e encon
tros doutrinários com semanas de oraçes mistas,
cooperação e fraternidade, visando à unidade do
cristianismo.

Porém o movimento Nova Era tem proposto moldar
o caráter humano, destituindo valores morais e
cristãos.

Satanás sempre se ops a religião, e distorceu
com seitas e heresias, entretanto, ele articula
essa unificação, pois sabe da busca pelo misti
cismo. O Movimento Nova Era articula tirar o
antigo (Igreja) de cena e inserir o novo (Falso
Profeta) para que toda adoração esteja centrada no
Anticristo.

Suas alegaçes apontam para a falha sistêmica
do movimento atual na condução poltica, econmica
e religiosa. Há evidências que eles estão agindo
através do ocultismo (gnomo, duende, autoajuda,
auto cura, etc.), suas investidas estão na cultura
oriental e esoterismo (meditação transcendental,
tela magia, ioga, astrologia, pirâmides, cristal
terapia, msica *new age*).

Afirmam que "é necessário à dissolução ou destruição completa de naçes individuais, no inte resse da paz e da conservação da humanidade...", portanto decretam uma mudança total nos valores mo rais e espirituais, atacando os valores cristãos, através de novelas, filmes, tendências da moda e outros.

O Cientista Poltico, Jarbas Medeiros chegou a afirmar "a nova ordem mundial vem por meio do caos".

Não causa surpresa a perseguição contra cris tãos, famlia, educação de filhos, orientação se xual e identidade de gênero.

Sistema Econômico Mundial

Apocalipse 18

Algumas teorias foram lançadas sobre qual cidade seria a Nova Babilnia. Seria Nova York, Roma, Hong Kong, Jerusalém? Ou seria uma cidade alegrica?

Pesquisadores alegam que a Antiga Babilnia, que foi palco de festas e orgias, tem sua futura cidade fortificada no deserto do Iraque, com instala çes avançadas, no mesmo local há fortes indcios da reconstrução da Torre de Babel, o templo de Nipos (Reconstrudo), o templo de Istar (Portão de

Istar), a rua da procissão onde aconteciam os des
files com soldados de Nabucodonosor.

Saddam Hussein (morto pelos EUA), diziase en
carnação de Nabucodonosor, ele usou o golpe para
apoderar do poder, alegando que o Irã (Pérsia)
precisava ser submetido a seus domnios, na época da
Guerra do Golfo, quando invadiu o Kuwait, seu obje
tivo era o petrleo, fonte inesgotável de riqueza.

Há também quem defenda Nova York como Centro
Econmico Mundial e a queda das duas torres teria
sido o cumprimento da profecia bblica, lembrando
que esses eventos ocorrerão na ltima semana pre
vista por Daniel.

A tese mais defendida por muitos estudiosos,
aponta para Cidade de Roma, que já abrigou o Impé
rio Romano, com pompas polticas e religiosas, tem
todos os atributos para reassumir o protagonismo
econmico.

Penso que o Sistema Econmico Mundial não seja
uma cidade, mas o "mercado financeiro", de onde
provem renda e riqueza para todos os povos, logo
esse mercado dita as regras do jogo para toda
humanidade, onde pobres e ricos, negros e brancos,
homens e mulheres negociam a todo instante.

Sua queda se daria com a falência do sistema
monetário mundial, levando medo e caos para todas
as naçes.

15. A VOLTA DE JESUS CRISTO

Segunda Fase

Apocalipse 19

Com a Queda da Babilnia (Sistema Unificado Re ligioso e Econmico), haverá festa nos céus, então Jesus virá para reinar sobre a Terra.

"Nesse momento, vi a Besta, os reis da terra e os seus exércitos reunidos para guerrearem contra Aquele que está montado no cavalo e contra o seu exército" (Ap. 19:19).

O Anticristo se colocará à frente com um ajunta mento de naçes e povos (Ap. 16:12-14) com o intuito de destruir Israel na temida Batalha de Armagedon.

"No entanto, a Besta foi presa, e com ela o Falso profeta que havia realizado grandes sinais miraculosos em nome dela, por intermédio dos quais ele havia enganado todos os que receberam a sua imagem. Os dois foram lançados vivos no lago de fogo que arde com enxofre" (Ap. 19:20).

O Anticristo e o Falso Profeta serão lançados no Inferno.

"Todos os demais foram mortos com a espada que saa da boca daquele que está montado no cavalo. E todas as aves se fartaram com a carne deles" (Ap.

19:21).

As naçes da Terra se ajuntarão para a batalha contra Israel, mas veja que não haverá guerra, o Senhor Jesus os destrura com a espada que sai de sua boca (II Ts. 2:8).

Aps essa sequência de eventos, Jesus prenderá Satanás por mil anos, e reinará sobre toda a Terra.

"No entanto, na época do governo desses reis, Elah, o Deus dos céus, estabelecerá um novo reino que nunca será destrudo e que também não será domi nado por nenhum outro povo. A soberania desse reino jamais será transferida e exterminará todos esses outros reinos, e subsistirá para todo o sempre. Portanto, esse é o significado da visão da pedra que soltou de uma montanha, sem auxilio de mãos, pedra que, mediante um s golpe, fez em pedaços o ferro, o bronze, o barro, a prata e o ouro. Deste modo, Elah, o Deus poderoso mostrou ao rei o que acontecerá no futuro. O sonho é verdadeiro, faz sentido e a interpretação é absolutamente fi el!" (Dn. 2:4445).

"Achegandovos a Ele, a Pedra Viva, rejeitada pela humanidade, mas eleita e preciosa para Deus, vs também, como pedras vivas, sois edificados como Casa espiritual, com o propsito de serdes sacer dcio santo, oferecendo sacrifcios espirituais a Deus, por meio de Jesus Cristo" (I Pe. 2:4).

Esse Reino virá dos céus, sem intervenção humana, Daniel relata que a pedra bateu violenta mente nos pés da estátua e a esmiuçou, essa será a manifestação divina na batalha de Armagedon.

O Milênio

Apocalipse 20

Satanás e seus demnios estarão em prises, e Jesus reinará na Terra junto com aqueles que passa rem pelo Tribunal de Cristo e não tiverem a marca da besta e poderão desfrutar do governo messiânico no Milênio.

Há aqui um ponto de discussão, uns pensam na literalidade do milênio e outros pensam que será um perodo menor. Veremos a seguir alguns pontos e teses defendidas por algumas correntes teolgicas.

1. Segundo estudiosos, Deus fez a criação em seis dias, e no sétimo descansou, como o pecado trouxe caos e desordem, o Senhor restaurou todas as coisas espiritualmente, ou seja, Ele levou seis dias ou seis milênios para reconstruir todas as coisas, Jesus veio no fim do quarto milênio, assim

como o Sol brilhou no quarto dia (Gn. 1:16-19). Jesus é o Sol da Justiça (Ml. 4:2). Quando termi nar o sexto milênio da histria humana, Deus terá completado a sua nova criação que foi resgatada do pecado, logo virá o sétimo milênio, o dia do descanso espiritual. Cristo representa o descanso (sábado).

2. Há uma profecia de Oséias referente à restau ração de Israel, com essa ideia de milênio "Vinde, e tornemos ao Senhor, porque Ele despedaçou, e nos sarará; fez a ferida, e a ligará. Depois de dois dias, nos dará a vida, e ao terceiro dia nos ressuscitará, e viveremos diante dEle" (Os. 6:12). Israel rejeitou a Jesus no incio dessa era, Deus castigou por dois milênios, chegando o terceiro, cumprirá a profecia, pois serão restaurados como nação.

Aps os mil anos de aprisionamento, Satanás será solto e reunirá um exército para guerrear contra Jesus e seu povo, o que comprova que estavam sob a liderança de Jesus, mas seus coraçes estarão volta dos para a maldade.

Há muita discussão se esse texto de Apocalipse 20 está conectado a Ezequiel 38 e 39. Por fim, Satanás será jogado no inferno e seguirá o julga mento final.

16. A NOVA JERUSALÉM

Os dois ltimos captulos de Apocalipse, traz um panorama de Fé e Esperança para quem permanecer fiel a Jesus.

Todos os que não estiverem inscritos no Livro da Vida serão lançados no Inferno junto com o diabo e seus anjos.

"Vi também a Cidade Santa, a nova Jerusalém, que descia dos céus, da parte de Deus, adornada como uma linda noiva para o seu esposo amado" (Ap. 21:2).

Com o fim do pecado, os salvos estarão glorifica dos. Um novo Céu e uma nova Terra, Deus irá prover a Nova Jerusalém e "Ele enxugará dos seus olhos toda lágrima". E o Senhor estará no meio do seu povo. Fim da dor e sofrimento, corrupção e morte.

O rio da Água da Vida (Ap. 22:1) que é a Graça de Deus (Ez. 47:12), "Naquele dia águas puras e correntes fluirão de Jerusalém... Yahweh será o Rei de toda a terra" (Zc.14:89) e trará alegria e satisfação para os povos.

Adão e Eva foram privados de comer da árvore da vida (Gn.3:2223), como consequência do pecado, mas em Jesus, todos que aceitaram seu sacrifcio expiatrio terão direito a comer do seu fruto: "Ao vencedor darei o direito de comer da árvore da vida, que está no paraso de Deus" (Ap.2:7).

"Eis que venho sem demora! E trago comigo o galardão que tenho para premiar a cada um segundo as suas obras. Eu sou o Alfa e o Ômega, o Primeiro e o Derradeiro, Princpio e o Fim" (Ap.22:1213).

Desde o incio desse estudo, o propsito central é construir pontes e conectar os pontos, passando pela criação, queda e redenção humana. João teve uma visão sombria e catica, mas para ns, que cremos em Jesus como Senhor e Salvador, permanecemos firmes, pois o livro de apocalipse nos passa uma mensagem pastoral de Fé e Esperança. "Aquele que dá testemunho destas palavras afirma: Com toda a certeza, venho rapidamente! Amém. Maranatha: Vem, Senhor Jesus!" (Ap. 22:20).

FIM DOS DIAS

REFERÊNCIAS

Bíblia King James Atualizada (KJA) sob autorização da Sociedade Biblica Ibero-Americana do Brasil & Abba Press.

[1] Luiz S. Krausz, Professor de Literatura Hebraica e Judaica – USP.

[2] Dr. Russel Norman Champlin, nasceu em 1933, Salt Lake City, EUA, casado, três filhos. Bacharel em Literatura no Imannuel College, Mestre e Doutor em Línguas Clássicas e Ph.D. em Novo Testamento e Filosofia pela University of Utah. Professor Universitário pela UNESP.

[3] Jesus era judeu e seguia os costumes de sua época, se olhar para dentro do "universo judaico", vamos perceber as semelhanças físicas entre eles, isso ajuda a entender o sinal (Mt. 26: 48, 49) que Judas deu ao se encontrar com o Mestre.

[4] Zygmunt Bauman, sociólogo polonês, estudou na Universidade de Varsóvia, London School of Economics, casado, três filhos.

[5] Segundo os mesmos, vivemos na Era de Peixe, simbologia Cristã que precisa ser superada para que a Nova Era Aquariana prevaleça.

[6] Após diversas pesquisas, a Companhia Mondex diz ter tecnologia para implantar em escala universal um microchip, que substituirá dinheiro e cartão de crédito e débito, o sistema foi criado em 1993, na Cidade de Londres por um banqueiro e está presente em mais de 20 nações. Mondex significa: Mon – Monetário e dex – localizado à mão direita. Esse microchip funcionará como um GPS, capaz de localizar e dar segurança as pessoas. A empresa Motorola está produzindo o modelo BT952000 sob a tutela do Dr. Carl Sanders, o biochip mede 7mm de comprimento e 0.75mm de largura, mais ou menos um grão de arroz. O microchip possui uma bateria de lithium recarregável como a dos celulares, o investimento foi de 1,5 milhões de dólares, após inúmeros testes somente dois locais são satisfatórios para ser colocados: a testa e a mão direita (Ap. 13.:16).

9 786500 099676